CARL FRIEDRICH VON WEIZSÄCKER

Die Verantwortung der Wissenschaft im Atomzeitalter

6. Auflage

VANDENHOECK & RUPRECHT IN GÖTTINGEN

Carl Friedrich Freiherr von Weizsäcker

Geboren 28.6.1912 in Kiel, theoretischer Physiker, Schüler von Werner Heisenberg und Niels Bohr; Dr. phil. 1933, Habilitation 1936. Ab 1936 am Kaiser-Wilhelm-Institut für Physik in Berlin-Dahlem und Dozent an der Berliner Universität, 1942 Professor der theoretischen Physik an der Universität Straßburg, 1946 Abteilungsleiter am Max-Planck-Institut für Physik in Göttingen und Honorarprofessor an der Universität Göttingen, 1957 o. Professor der Philosophie an der Universität Hamburg, seit 1970 Direktor des Max-Planck-Instituts zur Erforschung der Lebensbedingungen der wissenschaftlich-technischen Welt, Starnberg. *Veröffentlichungen u. a.:* Die Atomkerne (1937); Zum Weltbild der Physik (11. Aufl. 1970); Die Geschichte der Natur (7. Aufl. 1970); Die Tragweite der Wissenschaft I: Schöpfung und Weltentstehung (5. Aufl. 1976); Bedingungen des Friedens (6. Aufl. 1974); Der ungesicherte Friede (1969); Die Einheit der Natur (4. Aufl. 1972; Wege in der Gefahr (1976); Der Garten des Menschlichen (1977).

CIP-Kurztitelaufnahme der Deutschen Bibliothek

Weizsäcker, Carl Friedrich von:
[Sammlung]
Die Verantwortung der Wissenschaft im Atomzeitalter. – 6. Aufl., 30.–32. Tsd. – Göttingen : Vandenhoeck und Ruprecht, 1978.
(Kleine Vandenhoeck-Reihe ; 1142)

ISBN 3-525-33130-4

Kleine Vandenhoeck-Reihe 1142

30.–32. Tausend 1978

Umschlag: Hans-Dieter Ullrich.
Gesamtherstellung: Hubert & Co., Göttingen

VORWORT

In diesem Bändchen sind zwei Vorträge abgedruckt, die ich in den letzten Monaten gehalten habe. Sie entstammen verschiedenen äußeren Anlässen, aber einer gemeinsamen politischen Situation.

Der Vortrag »Die Verantwortung der Wissenschaft im Atomzeitalter«, den ich als ersten abdrucken lasse, ist zeitlich später gehalten, und zwar als Festvortrag für die Mitgliederversammlung des Verbandes Deutscher Studentenschaften am 29.4.1957 in Bonn. Die Einladung zu diesem Vortrag hatte ich vor der Veröffentlichung der Erklärung der 18 Atomwissenschaftler angenommen; halten mußte ich ihn zwei Wochen nach dieser Veröffentlichung. So war es fast unvermeidlich, daß ich ihn benutzte, um diese Erklärung zu erläutern. Ich lasse die Erklärung nun hier als Anhang noch einmal abdrucken. Andererseits wünschte ich vor den Studenten, die mich eingeladen hatten, auch über allgemeinere Fragen zu sprechen, sowie über solche konkrete Fragen, die ihnen im Studium näherliegen. Da meiner Überzeugung nach auch die Frage der Atombombe nicht richtig beantwortet werden kann, wenn man sie isoliert politisch-militärisch behandelt, schien es mir richtig, den politischen Teil III des Vortrags in drei Teile anderer Zielsetzung einzubetten und den Vortrag nun auch in dieser komplexen Form zum Abdruck zu bringen.

Der Vortrag »Politische Wirkungen der Atomwaffen« ist der elfte von zwölf Vorträgen über Atomenergie und Atomzeitalter, die ich zuerst als Vorlesung für Hörer aller Fakultäten im Winter-Semester 1956/57 an der Universität Göttingen und anschließend als Sendereihe im Dritten Programm des Norddeutschen Rundfunks gehalten habe. Der hier abgedruckte Text ist eine wörtliche Nachschrift (mit minimalen stilistischen Änderungen, um das gesprochene Wort dem Stil des geschriebenen anzunähern) des vom Rundfunk am 3. 3. 57 gesendeten Textes. In den konkreten politischen Entscheidungen ist dieser Vortrag tastender als der später gehaltene. Er enthält am Schluß gewissermaßen den ersten Versuch einer öffentlichen Auseinandersetzung mit dem Standpunkt, den der Bundesverteidigungsminister uns Physikern in der internen Besprechung am 29. 1. 57 dargelegt hatte, aber, der damaligen Gesprächssituation gemäß, ohne die Tatsache, daß diese Besprechung stattgefunden hatte, zu nennen. Ich drucke ihn gleichwohl hier ab, weil er den späteren in den entscheidenden Fragen präziseren Bonner Vortrag vielleicht insofern zu erläutern vermag, als er einen etwas weiteren historischen und geschichtsphilosophischen Anlauf nimmt.

Es schien mir bei diesen aus einer jeweils konkreten Situation heraus gehaltenen Vorträgen richtig, sie nun unverändert zum Abdruck zu bringen. Den kleinen Anstoß, der darin liegen mag, daß ein paar Partien der Vorträge parallel laufen und ähnlich formuliert sind, meinte ich dafür in Kauf nehmen zu sollen. Nur im Bonner Vortrag habe ich an einer Stelle (Seite 23 unten) einen (»dritten«) Satz zur Erläuterung eingeschoben, da in der seitherigen öffentlichen Debatte meine dortige Argumentation zum Teil nicht ganz richtig verstanden worden ist.

Göttingen, 16. 5. 57 C. F. v. Weizsäcker

DIE VERANTWORTUNG DER WISSENSCHAFT IM ATOMZEITALTER

Liebe Kommilitonen, verehrte Gäste!

Sie, meine Kommilitonen, haben mich gebeten, heute zu Ihnen über die Verantwortung der Wissenschaft im Atomzeitalter zu sprechen.

Daß es eine solche Verantwortung gibt, ist selbstverständlich. Die Frage ist nur, *wie* wir Wissenschaftler — also Sie und ich und die vielen in der Welt, die der Wissenschaft dienen — handeln und sein müssen, wenn wir diese Verantwortung im Ernst auf uns nehmen wollen.

Diese Verantwortung ist konkret. Ob wir ihr gerecht werden, erweist nur unser Handeln im Einzelfall. Wenn ich mit Ihnen über diese Verantwortung richtig reden wollte, müßte ich mit jedem einzelnen über die bestimmten Aufgaben seines Faches sprechen, über die einzelnen Entscheidungen, die er schon zu treffen hat oder die ihn dereinst im Beruf erwarten. Das ist in einer Stunde unmöglich. Deshalb nehme ich die Zuflucht zum Allgemeinbegriff, zur kurzen Aufzählung und zum Beispiel.

Zum Allgemeinbegriff: Im ersten Teil meines Vortrags, etwa *»Plan und Mensch«* zu nennen, will ich versuchen, ein paar allgemeine Merkmale unserer Zeit zu schildern.

Zur kurzen Aufzählung: Da ich nicht mit jedem einzelnen von Ihnen reden kann, will ich im zweiten Teil wenigstens die fünf großen *Fakultäten* der Universität einzeln, wenngleich nur andeutend, auf ihre besondere Rolle in dieser Zeit hin anreden.

Zum Beispiel: Sie werden es verstehen, wenn ich als dritten, längsten Teil die *Atomwaffen* als das Beispiel, das mir heute am nächsten liegt, herausgreife. Dies ist die wohl schwerste Verantwortung der Wissenschaft heute.

Ich will dann mit einem kurzen vierten Teil schließen, der sich an Sie, die Sie mich eingeladen haben, an den Verband Deutscher *Studentenschaften,* direkt wendet. Sie haben Ihre eigenen konkreten Sorgen, die Sie in der heute beginnenden Woche besprechen wollen. Es hat mir wichtiger geschienen, Ihnen über allgemeinere Fragen etwas zu sagen; denn von Ihren besonderen Problemen verstehen Sie ja mehr als ich. Aber ich möchte diese Ihre Probleme doch nicht übergehen.

I. Plan und Mensch

Das Atomzeitalter ist einfach eine neue Phase des technischen Zeitalters. Es wäre völlig falsch, nur auf die mit dem Atom zusammenhängenden Züge dieses Zeitalters zu achten. Aber das Atom ist mit einem gewissen Recht zum Symbol dieses Zeitalters geworden. An den Zügen unserer Zeit, die mit dem Atom zusammenhängen, kann man vielleicht am deutlichsten die Strukturen ablesen, die sich in allen anderen Zusammenhängen wiederfinden.

So ist die Atomphysik nur eine Wissenschaft unter vielen. Aber sie hat vielleicht mehr als andere Wissenschaften unsere Grundbegriffe umgestaltet bis in die Philosophie hinein. Die friedlich verwendbare Atomenergie ist nur eine Energieform neben mehreren. Aber sie wird wahrscheinlich in einigen Jahrzehnten die wirtschaftlich wichtigste sein. Die Atombombe ist nur eine Waffe neben anderen und niemand weiß, ob sie die schrecklichste Waffe bleiben wird. Aber sie gestaltet heute bereits nicht nur die Kräfteverhältnisse der Weltpolitik um, sondern sie beginnt schon die Natur dessen umzugestalten, was man Politik, was man Krieg heißt. Sie ist ein unüberhörbarer Warnruf.

Ich bitte Sie nun aber, Ihren Blick auf einen anderen, vielleicht noch kennzeichnenderen Zug der heutigen und der kommenden Technik zu richten. Er tritt unter den Namen Planung, Regelung, Kontrolle, Automatisierung auf. Was heißt das?

Die Maschinen des 19. Jahrhunderts hatten, im Gleichnis gesprochen, Muskeln, aber sie hatten keine Sinnesorgane und kein Gehirn. Sie lieferten die Energie, sie ersetzten die menschliche Muskelkraft, aber steuern mußte sie der Mensch. In diesem Sinne krönt die Erschließung der Atomenergie die technischen Bemühungen des 19. Jahrhunderts. Aber diese modernste Energiequelle war nur zu erschließen durch subtilste Lenkung der Energie. Ins Innere des Atoms mußte man dringen. Man kann die größten Massen nur bewegen, wenn man die feinsten Steuerungszentren in der Hand hat. Dazu ist zweierlei nötig: Erstens Wissen und zweitens Umsetzung dieses Wissens in eine technische Automatik, in einen sich selbst steuernden Apparat.

Daraus folgt zunächst die immer wachsende Bedeutung der Wissenschaft für die Technik. Die Dampfmaschine des 18. Jahrhunderts ist noch im wesentlichen auf dem Boden des Handwerks gewachsen. Die Elektrotechnik des 19. Jahrhunderts beruht auf den physikalischen Experimenten Faradays. Die Atommeiler und Atombomben unseres Jahrhunderts wurden bis in jede Einzelheit von theoretischen Physikern vorweg geplant.

Die automatische Ausführung einer vorweg geplanten Steuerung geschieht durch das, was man auf deutsch »Regeltechnik« nennt. Ein einfaches Beispiel einer nicht automatischen Steuerung ist etwa das Steuern eines Schiffes durch einen Menschen. Das Schiff soll einen festen Kurs halten, sagen wir Nordnordost. In Wirklichkeit weicht es immer etwas von diesem Kurs ab, deshalb muß ein Mensch am Ruder stehen, der diese Abweichung am Kompaß oder an der Umwelt, am Land oder den Sternen sieht, und der das Ruder so legt, daß die Abweichung ausgeglichen wird. Der wahre Kurs des Schiffes wird dann eine Wellenlinie, die sich leise um den geplanten mittleren Kurs herumschlängelt.

Maschinen, die ein Schiff automatisch auf festem Kurs halten, gibt es längst. Sie lesen den Unterschied zwischen dem wahren und dem geplanten Kurs automatisch am Kompaß ab und bewirken automatisch eine Korrektur des Kurses von der notwendigen Größe. Ebenso steuert man nun immer mehr den Gang vieler Maschinen. Das nennt man Automatisierung. Der Name einer zweiten industriellen Revolution für diesen Vorgang scheint mir nicht unberechtigt. Ersetzte die erste industrielle Revolution die menschliche Muskelkraft durch maschinelle Energie, so übernimmt die Maschine jetzt die Reflex-, Reaktions- und niederen Intelligenzleistungen. Nur als Kuriosum: Die elektronischen Rechenmaschinen, die sogenannten Elektronengehirne, sind die raffiniertesten Apparate dieser Art; ich habe selbst die erste Dame-Partie nachgespielt, die eine elektronische Rechenmaschine gegen ihren Erfinder gespielt hat. Schach können sie leider noch nicht.

Daß die arbeitstechnischen, die wirtschaftlichen, die sozialen Folgen dieser erst beginnenden Entwicklung sehr weit reichen, brauche ich nicht zu betonen. Ich will aber heute auf sie nur noch einmal im Vorübergehen zu sprechen kommen.

Unser Thema ist die Verantwortung der Wissenschaft in einer Welt, die so aussieht, in einer Welt der Atomenergie, der Planung, der Automatisierung. Wiederum lasse ich hier für heute eine Grundfrage beiseite: die geschichtsphilosophische Frage, wie es überhaupt zu dieser Welt hat kommen können. Ich frage heute nicht nach der Verantwortung der Wissenschaft *für* das Atomzeitalter, sondern nach der Verantwortung der Wissenschaft *im* Atomzeitalter. Ich glaube, es ist besser, diese eingeschränktere, aber praktischere Frage zuerst zu stellen. Erst wer an Beispielen eigenen Handelns die Stuktur dieses Zeitalters spüren gelernt hat, wird vorbereitet sein, richtig danach zu fragen, woher dieses Zeitalter kommt. Heute wollen wir uns also miteinander damit begnügen, daß wir wissen: Dieses Zeitalter ist da, wir können es nicht wegschaffen, und in der Macht keines einzelnen von uns hätte es gelegen, sein Kommen zu verhindern. In ihm sollen wir nun verantwortlich handeln.

Jedes Handeln in dieser Zeit bewegt sich in der Spannung von Plan und Mensch. Es gibt Menschen, die schon diese Voraussetzung innerlich ablehnen. Die einen vergessen den Menschen über dem Plan, die anderen vergessen die Notwendigkeit des Planes und fliehen in eine reine Subjektivität. Beides ist unreal und heißt die Verantwortung abwerfen, statt sie zu tragen.

Ich beginne mit dem zweiten. Der Plan ist nötig. Wenn die Menschheit heute auf die Technik und die zu ihr gehörige Planung verzichten wollte, so müßte sie bereit und fähig sein, die Menschenzahl auf der Welt zu dezimieren; denn die heutigen $2^1/_2$ Milliarden leben nur, weil es Industrie, Verkehr und intensive Landwirtschaft, kurz, weil es Technik gibt. Viele von ihnen, vielleicht die meisten, müßten sonst verhungern. Zumal in einem überbevölkerten Land wie Deutschland hängt unsere physische Zukunft, unser Überleben daran, daß wir mehr technisieren als bisher.

Ist es romantisch, die Technik abwerfen zu wollen, so ist es umgekehrt kindisch, alles machen zu wollen, was technisch möglich ist. Im 19. Jahrhundert war die Technik wie ein neues Spielzeug, dessen sämtliche Möglichkeiten der interessierte Junge ausprobieren muß. Die Reifezeit der Technik — wenn es zu einer solchen kommen wird — wird ihre Reife in der Distanz zum Apparat, in der Fähigkeit zum ruhigen, überlegenen Verzicht auf gewisse technische Möglichkeiten beweisen müssen, kurz, in der Unterordnung des Plans unter den Menschen.

Ich möchte das zuerst an ein paar banalen Beispielen aus dem täglichen Leben erläutern. Die Raserei auf europäischen, zumal auf deutschen Straßen scheint mir ein Zeichen mangelnder technischer Reife. Mit dem Auto schneller fahren als man verantworten kann, ist ein untechnisches Verhalten. Die Amerikaner sind in vielem gar nicht vorbildlich, aber in diesem Punkt sind sie meinen Beobachtungen nach weiter als wir. Sie behandeln das Auto als das, was es ist: ein Verkehrsmittel. Eine andere, weniger leicht durchschaubare Seite der Verkehrs- und Nachrichtentechnik: Eisenbahn, Auto, Flugzeug, Telegraph und Telefon sind Erfindungen, um Zeit zu sparen. Die Menschen aber, die sie am meisten gebrauchen, haben am wenigsten Zeit und bekommen die Manager-Krankheit. Offenbar haben wir den Umgang mit der Technik noch nicht gelernt.

Verantwortung des Menschen in der technischen Welt heißt also zum mindesten: er muß inmitten der Planung und der Apparate lernen, Mensch zu bleiben. Vielleicht muß er in entscheidenden Punkten erst lernen, Mensch zu werden. So Mensch zu werden, daß er der Herr des Plans und der Apparate bleibt. Das etwa wäre der Inhalt einer Ethik der technischen Welt.

Damit genug der Allgemeinbegriffe. Wie sieht die Verantwortung des Wissenschaftlers aus?

Er ist nicht einfach Wissenschaftler, er ist Theologe, Mediziner, Physiker ... Ich möchte um der Konkretheit willen deren Voraussetzungen einzeln besprechen. Aber die Zeit ist knapp, so will ich die meisten nur andeutend berühren, ehe wir auf das für heute gewählte Beispiel kommen.

II. Die Fakultäten

Das Vorlesungsverzeichnis spiegelt die alte Rangordnung: zuerst kommen die *Theologen.*

Von der Theologie möchte ich nur in wenigen Sätzen reden. Ihre inneren Probleme sind ganz besonderer Art. Aber eins möchte ich den Theologen unter Ihnen sagen, etwas, was Sie wissen und die anderen wissen sollten: Sie bewahren die einzige Wahrheit, die tiefer reicht als die Wahrheit der Wissenschaft, auf der das Atomzeitalter beruht.

Sie bewahren ein Wissen vom Wesen des Menschen, das tiefer wurzelt als die Rationalität der Neuzeit. Der Augenblick kommt immer wieder unweigerlich, in dem man, wenn das Planen scheitert, nach dieser Wahrheit fragt und fragen wird. Die heutige geehrte bürgerliche Stellung der Kirche ist kein Beweis dafür, daß die Menschen nach der christlichen Wahrheit wirklich fragen. Überzeugen wird diese Wahrheit, wo sie gelebt wird.

Es folgen die *Juristen*. Ich fasse Rechts-, Staats- und Wirtschaftswissenschaften zusammen. Sie befassen sich mit den Regeln des Zusammenlebens der Menschen. Für sie ist wohl das entscheidende Faktum dieser Zeit, daß nicht nur die Apparate geplant werden können, sondern daß das Zusammenleben der Menschen selbst mehr und mehr Gegenstand bewußter Manipulation, rationaler Planung wird. Ein Extrem dieser Planung ist der totale Staat. Ich bilde mir ein, er sei, zum mindesten in seinen terroristischen Formen, so ausgeklügelt sie sein mögen, noch eine primitive Art der Planung. Ich will das alsbald an dem einfacheren Beispiel der Wirtschaft erläutern. Aber auch in der Demokratie wird das Recht immer mehr technisches Mittel des Funktionierens, zumal wirtschaftlicher Abläufe. Zur menschlichen Verantwortung des Juristen in jedem Amt gehört daher auch, daß er die Menschen vor einem blinden Automatismus juristischer Abläufe schützt.

Da ich soviel von Planung gesprochen habe, muß ich sagen, wie mir das Verhältnis der *Wirtschaft* zur Planung erscheint. Es scheint mir, daß die Praxis der heutigen Wirtschaftsführung, zumal wo sie gut ist — und ich glaube persönlich, daß sie bei uns gut ist — die beiden theoretischen Extreme der völlig freien Wirtschaft und der totalen Planung längst hinter sich gelassen hat. Vernünftige Planung greift nur dort ein, wo mit einem Minimum an Aufwand ein Maximum an Wirkung zu erreichen ist. Sie braucht dort nicht zu befehlen, wo sie voraussehen kann, was von selbst in Wechselspiel der Kräfte eintreten wird. Alles planen wollen, ist, wie wenn man meint, ein Fahrrad werde noch sicherer fahren, wenn man die Lenkstange festklemmt. Wenn ich hier richtig urteile, so ist auch dies ein Beispiel für die These: Richtige, verantwortliche Planung und Technik halten Distanz zum Apparat.

Die *Medizin* hat es unmittelbar mit dem Menschen zu tun. Dem Menschen zu helfen und nicht zu schaden, ist jeder Arzt persönlich verpflichtet durch ein Berufsethos, das von dem alten Hippokratischen Eid bestimmt ist. Er erlebt die Spannung unserer Zeit als das Gegenüber zwischen der kausalen Analyse des Einzelgeschehens in der naturwissenschaftlichen Medizin auf der einen Seite, dem Blick auf den ganzen Menschen, auf die Seele, die Beziehung zur bewußten, leidenden und verantwortlichen Person im Patienten auf der anderen Seite. Einen dieser beiden Pole zugunsten des anderen zu vernachlässigen, wäre unärztlich. Gerade wenn unsere Ärzte noch besser naturwissenschaftlich denken könnten, würden sie viele Vergröberungen der klassischen naturwissenschaftlichen Medizin vermeiden lernen. Gerade wer im Kranken stets den ganzen Menschen sieht, wird die wichtigsten Hinweise für die kausale Analyse der Krankheit erhalten. Freilich kann kein einzelner die Kenntnisse in seinem Kopf vereinen, die auf jeder der beiden Seiten erfordert würden. Deshalb setzt Medizin, wie jede Wissenschaft und Technik, in immer wachsendem Maße Zusammenarbeit der Spezialisten voraus. Fruchtbar

ist diese Zusammenarbeit nur, wenn jeder, der etwas Einzelnes weiß und kann, das Ganze im Auge hat.
Die sozialen Probleme des Krankenkassenwesens wären ein weiteres Thema. Ich lasse es hier beiseite.
Die *Philosophische* Fakultät bietet in doppelter Hinsicht die polare Ergänzung der heute dominierenden Naturwissenschaft. Das historische Denken und das naturwissenschaftliche Denken sind die beiden großen wissenschaftlichen Schöpfungen der Neuzeit, zumal des 19. Jahrhunderts. Ich halte sie für gleich bedeutend und gleich wichtig. Historisch denken heißt, den anderen Menschen, die andere Nation, die andere Zeit und Kultur von ihren Voraussetzungen her verstehen, nicht von den unseren her aburteilen. Gibt es solches Verstehen ohne Liebe, ohne Nächstenliebe? Und können wir hoffen, dem Menschen seinen Ort in der Planung zu wahren, wenn wir ihn nicht von seinen Voraussetzungen her zu verstehen gewillt sind? Historisch verstehen ist von großer politischer Wichtigkeit.
Die Philosophische Fakultät vertritt ferner gegenüber der bloßen Forschung in eminenter Weise die Lehre. In ihr ist die Zusammengehörigkeit von Forschung und Lehre am deutlichsten. Sie stellt auch die meisten Lehrer an höheren Schulen. In die Hände der Lehrer ist das kostbarste — man nennt es in der technischen Zeit »Material« — gegeben, das wir haben, die jungen Menschen. Ich weiß, daß Ihnen in Ihrem Verband die Zusammengehörigkeit von Forschung und Lehre ein wichtiges Anliegen ist. Halten Sie daran fest.
Die *Naturwissenschaft* — zu der ich außer den naturwissenschaftlichen, den land- und forstwissenschaftlichen Fakul-

täten der Universität den ganzen Bereich der Technischen Hochschulen rechnen will — ist die zentrale Wissenschaft unserer Zeit. Über die Notwendigkeit, sie im Interesse unserer materiellen Zukunft zu fördern, wird heute viel geredet und mit Recht. Die wirtschaftliche Existenz unserer Nation mag sehr wohl demnächst von unseren Naturwissenschaftlern und Technikern abhängen. Nur wünschte ich, die Naturwissenschaft, deren Notwendigkeit heute leicht einzusehen ist, spannte sich dann wie eine Lokomotive vor die Universität im ganzen. Die ganze Universität bedarf der breitesten Förderung. Ich glaube nicht, daß auf die Dauer unsere Naturwissenschaft wesentlich besser wird sein können als unsere Universität im ganzen ist. Dazu hängen im Organismus der Wissenschaften die einzelnen Organe zu eng miteinander zusammen.

Die persönliche Verantwortung des Naturwissenschaftlers entspricht der praktischen Bedeutung seines Fachs. Ich möchte einen Vergleich gebrauchen. Jeder Naturwissenschaftler lernt die Sorgfalt beim Experimentieren, ohne die seine Wissenschaft in Geflunker ausarten würde. Ich glaube, solange uns die Sorgfalt bei der Prüfung der Rückwirkungen unserer Erfindungen auf das menschliche Leben nicht ebenso selbstverständlich ist, wie die Sorgfalt beim Experimentieren, sind wir zum Leben im technischen Zeitalter nicht reif. Man hat an einen hippokratischen Eid für Naturwissenschaftler und Techniker gedacht. Überlegen Sie sich das. Es wird nicht leicht sein, eine solche Verpflichtung hinreichend konkret zu formulieren, aber sie wird sich wohl als nötig erweisen. Ich glaube im übrigen, daß eine solche Verpflichtung zunächst nicht von oben auferlegt werden

kann, sondern durch freiwilligen Entschluß Weniger beginnen muß.
Ein Hauptproblem für den Naturwissenschaftler und Techniker, der verantwortlich handeln will, ist seine Verflochtenheit in gesellschaftliche, in wirtschaftliche und politische Zusammenhänge. Er will wohl Leben fördern und nicht gefährden; aber erlaubt es ihm die Struktur der Welt, in der er lebt?

III. Die Atomwaffen

Die Atomwaffen sind das größte Beispiel dieser Verstrickung.
Für einen Marsmenschen, der ohne Kenntnis dessen, was wir Politik nennen, die letzten 12 Jahre der Erdenmenschheit von außen betrachtet hätte, wären die Atombomben wahrscheinlich der schlagende Beweis für den infantilen Charakter der technischen Zivilisation auf der Erde: Nicht einmal, wenn es an ihr eigenes Leben geht, können sie das Spielen lassen.
Wir Erdenmenschen freilich wissen es besser. Wir sind Realisten. Wir wissen: Außenpolitik und Krieg haben ihre ewigen Gesetze, daran ändern auch die Atomwaffen nichts. Im sicheren Bewußtsein von der Unabänderlichkeit der menschlichen Natur stürmen wir dem dann ebenso unabänderlich über uns verhängten Untergang entgegen.
Oder wollen wir uns wehren?
Auch die Verzweiflung ist eine unverantwortliche Handlungsweise; darum ist es auch die Panikmache. Die Verantwortung des Wissenschaftlers und des Bürgers beginnt dort, wo er einem solchen Schicksal gegenüber zum ruhigen und entschiedenen Handeln bereit ist. Zum Handeln ist

Kenntnis nötig. Ich will versuchen, Ihnen den Stand des Atombombenproblems zu schildern, so gut ich ihn kenne. Ich beginne mit der Vorgeschichte.

Vielfach stellt man sich die Atomphysik als eine Wissenschaft vor, die jahrzehntelang fieberhaft nach dem Schlüssel zur technischen Verwertung der Energie in den Atomen gesucht hätte, bis sie ihn endlich in der Uranspaltung fand. Nichts kann falscher sein. Die Uranspaltung war eine ungesuchte, unerwartete, rein wissenschaftliche Entdeckung. Ich glaube auch, daß nur Menschen, denen es nicht um die Anwendung ging, den Weg zur Atomenergie finden konnten. Ganz neue Zusammenhänge entdeckt nicht das Auge, das auf ein Werkstück gebeugt ist, sondern das Auge, das in Muße den Horizont absucht.

Hahn und Straßmann veröffentlichten ihre Entdeckung im Januar 1939. Veröffentlichung gilt in der Wissenschaft als Pflicht; sie bedeutet, daß man seine Ansichten der Kontrolle der Kollegen unterwirft. *Nach* der Veröffentlichung wurde mehreren Forschern auf der Welt gleichzeitig die technische Anwendbarkeit klar. Mit einem Schlag wußten im März 1939 vielleicht 200 Wissenschaftler in allen großen Ländern, daß nun wahrscheinlich Atombomben möglich sein würden, aber auch von Atomkraft getriebene Maschinen. Was sollten sie tun?

Im engen Kreis wurde bei uns in Deutschland dasselbe diskutiert, wie in Amerika: Ob Geheimhaltung die Menschheit noch vor diesen Bomben schützen könne. Tatsächlich war es schon zu spät. Vielleicht wäre es nicht zu spät gewesen, wenn eine weltweite und ausnahmslose Verständigung der Physiker zustande gekommen wäre. Zu einem

Schritt von solcher politischer Tragweite waren wir nicht vorbereitet.

Im Krieg blieb den deutschen Physikern die letzte Härte der Entscheidung erspart. Wir erkannten, daß wir keine Bomben machen konnten. Wir waren glücklich darüber. Andererseits überschätzten wir die Schwierigkeit und unterschätzten die Hilfsmittel Amerikas. So glaubten wir, auch auf der Gegenseite werde man keine Atombomben machen. Das war ein folgenschwerer Irrtum; denn sonst hätten wir wohl die äußerste Anstrengung gemacht, dem Westen klarzumachen, daß wir keine Bomben bauten.

Tatsächlich haben in Amerika die Physiker durchgesetzt, daß die Bombe gebaut wurde, weil sie fürchteten, Deutschland baue Atombomben. Der Krieg gegen Deutschland war zu Ende, ehe die erste Atombombe fertig war. Unter den Physikern erhoben sich Stimmen — ich erinnere an den Franck-Report —, die vor dem Abwurf der Bombe auf Japan warnten. Die Entscheidung der politischen und militärischen Führung fiel für den Abwurf auf Hiroshima, um den Krieg rasch zu beenden und beiden Seiten ungeheure weitere Opfer zu ersparen.

Ich wünsche, daß Ihnen klar ist, daß ich über diese Vorgänge keine moralischen Urteile fälle. Das steht mir nicht zu. Alle Mitspieler dieses schrecklichen Stücks haben nicht nur im Bewußtsein, sondern unter dem schweren Druck der auf ihnen lastenden Verantwortung gehandelt. Amerika führte einen Krieg für die Freiheit, die eigene Freiheit und die Freiheit der Welt. Durfte, mußte man zu den schrecklichen Waffen, die es gab, diese noch schrecklichere hinzufügen? Man wählte den einfacheren Weg, als man sich entschloß, die Bombe zu bauen und als man sich entschloß, sie abzuwerfen. Immer wieder hat man auch später den einfacheren Weg gewählt. Ich glaube aber, die Weiterentwicklung hat gezeigt, daß man einmal diesen einfacheren Weg verlassen muß. Das heißt aber, daß man das ganze politisch-militärische Konzept verlassen muß, innerhalb dessen dieser Weg der einfachere ist. Denn wie will man sonst einen anderen Weg durchhalten?

Nach dem Krieg kam es zu Verhandlungen zwischen den zwei übriggebliebenen Weltmächten. Amerika schlug eine internationale Atombehörde vor mit alleinigem Verfügungsrecht über Atomwaffen und mit Kontrollgewalt. Für die Sowjetunion schien das unannehmbar; denn sie sah im Eisernen Vorhang die Garantie ihrer Sicherheit. Die Sowjetunion schlug eine Vernichtung aller Atomwaffen vor. Den Vereinigten Staaten schien das unannehmbar; denn sie sahen in ihrer atomaren Überlegenheit die Garantie ihrer Sicherheit. Inzwischen welkte diese Überlegenheit dahin. Die Russen brachten im August 1949 ihre erste Atombombe zur Explosion.

Wieder setzte sich der einfachere Weg durch: Amerika und Rußland entwickelten die Wasserstoffbombe. Seitdem hat man zum ersten Mal in der Weltgeschichte eine Waffe, die ganze Völker ausrotten kann.

Es mag paradox erscheinen, daß gerade diese Waffe zunächst eine weltpolitische Entspannung herbeiführte oder erleichterte. Aber hier zeigte sich gerade den Staatsmännern der Großmächte die Wahrheit dessen, was ich vorhin so ausgedrückt habe: Die Bomben erzwingen eine Veränderung des ganzen politisch-militärischen Konzepts. Das ungeheuer Gefährliche des heutigen Zustands ist nur, daß das neue Konzept noch nicht wirklich gefunden ist, oder daß man sich zu ihm nicht wirklich entschließt. In der Suezkrise wollten beide Weltmächte den Frieden, und sie erzwangen ihn durch die Drohung mit dem großen Krieg. Was wäre geschehen, wenn eine leichtfertige Handlung irgendeiner Seite die Weltmächte genötigt hätte, diese Drohung wahrzumachen? Zudem hat diese Drohung zwar vorerst den Frieden gewahrt, aber sie hat keines der brennenden Probleme des Nahen Ostens gelöst.

Soviel für heute von der Weltsituation. Nun wende ich mich unseren eigenen Angelegenheiten zu. Seit 1945 hatten wir Deutschen keinen Einfluß auf die Entwicklung der Atomrüstung. Als die Wasserstoffbombe neu war, haben sich deutsche Forscher maßgebend an dem sogenannten Mainauer Manifest der Nobelpreisträger, einer internationalen Erklärung fast aller Nobelpreisträger der Physik, beteiligt, die vor diesen lebenausrottenden Waffen warnten. Die Wirkung in der Welt war gering. Es gab viele Sympathiekundgebungen, und die Atomrüstung ging weiter.

Im Herbst 1956 wurde uns deutschen Atomforschern klar, daß erste Vorbereitungen getroffen wurden, die Bundeswehr atomar auszurüsten. Diese Vorbereitungen hielten sich ohne Zweifel im Rahmen der bestehenden Verträge. Sie blieben in der Ebene der bloßen Planung. Keiner von uns wurde aufgefordert, Atomwaffen zu bauen. Aber um so unheimlicher war uns der Vorgang. Hätte man von uns verlangt, Atomwaffen zu bauen, so hätten wir durch eine Weigerung etwas erreichen können. Wie aber, wenn die Bundeswehr erst nur die Abschußgeräte für Atomwaffen erhält und später eines Tages die Bomben und Granaten selbst, von ausländischer Produktion? Wenn wir überhaupt der Meinung waren, die Bundeswehr solle nicht atomar ausgerüstet werden, so mußten wir jetzt einen Schritt tun. Aber waren wir dieser Meinung? Hier sind zwei Dinge getrennt zu betrachten. Unsere spontane Reaktion und unser politisches Urteil.

Unsere spontane Reaktion war völlig klar. Ich habe zusätzlich zu den Kollegen, die schließlich die Erklärung der Achtzehn unterzeichnet haben, viele junge Physiker gefragt und habe stets dieselbe Antwort bekommen. Einen fragte ich rein hypothetisch: »Was tun Sie, wenn man Sie in ein paar Jahren bittet, auf dem Reißbrett eine Atombombe zu entwerfen?« Er: »Ich weigere mich.« Ich: »Und wenn Sie Ihre Stelle verlieren?« Er: »Dann verliere ich sie.« Ich: »Und wie begründen Sie Ihre Weigerung?« Er: »Einmal ist Schluß.« Einmal ist Schluß, das ist unser aller spontanes Empfinden.

Aber wir wissen zwischen spontanem Empfinden und politischen Notwendigkeiten zu unterscheiden. Wir haben lange, lange über die möglichen politischen Folgen eines Schrittes von uns diskutiert. Da sich heute auch die Öffentlichkeit mit Recht für diese Frage interessiert, möchte ich sagen, wie wir selbst unsere Möglichkeit zu politischen Urteilen einschätzen. Politik ist eine Kunst, und jede Kunst bewährt sich im Detail. Wie man von Woche zu Woche, von Jahr zu Jahr weiterkommt, wem man trauen kann, wem nicht, wo man nachgeben muß, wo drücken — all das versteht am besten, wer auf Grund natürlicher Begabung und Neigung den politischen Beruf gewählt hat und in ihm langjährige Erfahrung gesammelt hat. Es gibt aber außerdem einige allgemeine Wahrheiten, gleichsam Randbedingungen aller Politik. Zu ihnen gehören in unserer technischen Welt insbesondere technische Tatsachen. Und da sich die technischen Tatsachen heutzutage rasch ändern, trauen wir uns über sie und ihre Wirkungen auf die Politik ein Urteil zu, das dem der berufsmäßigen Politiker vielleicht nicht nachsteht. Worauf es ankäme, wäre die gegenseitige Ergänzung beider Erfahrungsbereiche. Daher haben wir das Gespräch mit den Politikern und das mit der Öffentlichkeit gesucht.

Ich möchte Ihnen nun unsere politischen Überlegungen schrittweise auseinandersetzen.

Zunächst schien und scheint uns noch immer rein politisch klar, daß eine atomare Bewaffnung einzelner Nationalstaaten, wie Frankreich, Deutschland, Schweden, ein Unglück für die Welt und für die betreffenden Nationen selbst wäre. Auf wen fallen solche Bomben im Ernst, wenn nicht aufs eigene Land? Wie kann man sicherer im Fall eines Konflikts die Bomben der Großmächte auf sich herabziehen, als durch den Besitz eigener Atomwaffen? Ferner: Wie lange würde es dauern, bis dann auch Syrien, Israel und Ägypten Atomwaffen hätten? Es ist absurd zu denken: »Wir sind friedliebend und müssen die Atomwaffen haben, um die Unruhestifter im Zaum zu halten.« Die sogenannten Unruhestifter werden sich bemühen, dieselben Waffen zu bekommen, und wer wird sie hindern? Und wer von uns weiß, an welchem Tag er selbst als Unruhestifter dastehen wird? Es scheint uns, daß die Großmächte ein dringendes Interesse daran haben, jetzt, solange noch Zeit ist, die atomare Ausrüstung kleiner souveräner Staaten um des Weltfriedens willen zu verhindern. Wir glauben daher, daß ein kleiner Staat sich und dem Weltfrieden dient, wenn er

auf Atomwaffen, die seiner souveränen Verfügung unterstehen, ausdrücklich und freiwillig verzichtet.
Dieser erste Teilaspekt stand uns vor Augen, als wir im November 1956 an Herrn Minister Strauß einen Brief schrieben, dem am 29. Januar 1957 ein ausführliches und sehr lebhaftes Gespräch mit ihm folgte. Sachlich erfuhren wir von ihm zu unserer Beruhigung, daß auch die Bundesregierung eine deutsche Atomrüstung unter nationaler Souveränität ablehnt. Damit war klar, daß wir unseren damaligen Brief an ihn, der sich eben gegen die nationalsouveräne Atomrüstung Deutschlands wandte, nicht veröffentlichen konnten. Zu unserer Beunruhigung erfuhren wir, daß Minister Strauß eine große atomare Aufrüstung der europäischen NATO für notwendig und für eine sichere Garantie des Friedens und der Freiheit hielt.
Wenn ich unsere Stimmung nach diesem Gespräch kennzeichnen soll, muß ich sagen: Wir verließen den Minister, zum Schweigen gebracht, aber nicht überzeugt.
Ich muß mich nun dem zweiten Aspekt unserer politischen Frage zuwenden. Ist die große atomare Rüstung des Westens eine Garantie des Friedens und der Freiheit? Es wäre sehr schön, wenn sie es wäre. Dann wüßten wir, was wir zu tun haben. Aber ich behaupte, und das ist das wichtigste, was ich heute sage: Sie ist es nicht. Sie schützt uns auf die Dauer gar nicht.

Dies möchte ich durch drei Sätze erläutern: Die großen Bomben erfüllen ihren Zweck, den Frieden und die Freiheit zu schützen, nur, wenn sie nie fallen. Sie erfüllen diesen Zweck auch nicht, wenn jedermann weiß, daß sie nie fallen werden. Eben deshalb besteht die Gefahr, daß sie eines Tages wirklich fallen werden.

Sie erfüllen ihren Zweck nur, wenn sie nie fallen. Bei den alten Waffen gab es eine Aussicht, einen Krieg siegreich zu überleben. Mit ihnen zu drohen hieß, mit einer ausführbaren Handlung zu drohen. Mit den H-Bomben kann man, bei der Möglichkeit des sofortigen Gegenschlags, nur drohen, wenn man bereit ist, selbst sogleich mit dem Gegner zugrunde zu gehen. Eine Drohung aber, die nur um den Preis des eigenen Untergangs eingelöst werden kann, ist gar keine Drohung. Wenn jeder weiß, daß diese Bomben nicht fallen werden, so sind sie so gut wie nicht vorhanden. Die Gefahr für uns alle liegt also darin, daß die Besitzer der Bomben, um mit ihnen überhaupt drohen zu können, bereit sein müssen, sie wirklich zu werfen. Die ehrliche Beteuerung des eigenen Friedenswillens rettet sie aus diesem Dilemma nicht. Die Hoffnung, man werde jede künftige Krise so abfangen können, wie die Suezkrise gerade noch abgefangen wurde, scheint mir nicht besser begründet als die Meinung, man könne auf die Dauer im Roulette gewinnen.

Erlauben Sie mir noch einen anderen Vergleich. Die beiden großen Mächteblöcke, die sich mit diesen Waffen gegenseitig bedrohen, erinnern mich an ein Spiel, das angeblich amerikanische Studenten gelegentlich spielen: Zwei Autos — am besten möglichst alte — fahren mit höchster Geschwindigkeit genau aufeinander los. Wer zuerst bremst, hat verloren. Hoffentlich bremst einer zuerst oder, wenn die Ehre es so gebietet, beide zugleich.

Ganz besonders gefährdet sich meiner Überzeugung nach der Westen, wenn er seinen Schutz ausschließlich auf die Drohung mit der größten Waffe stützt; denn dadurch wird er politisch völlig unelastisch. Hat der Westen nur noch Wasserstoffbomben und keine hinreichenden konventionellen Waffen, so wird sein östlicher Gegenspieler sich auf eine Kette so kleiner Übergriffe beschränken, daß keiner von ihnen die Entfesselung des thermonuklearen Inferno motivieren kann. Würde ein Regierungssturz im Nahen Osten, würde eine Revolte in Afrika, würde die wirtschaftliche Erwürgung von Westberlin den Westen zum Einsatz der H-Bombe veranlassen können? Die Alles-oder-Nichts-Theorie ist für Waffen so falsch, wie sie stets im Leben falsch ist. Wenn aber Atomrüstung und konventionelle Waffen zusammen zu teuer sind — und sie sind es für Rußland wie für uns — so drängt schon wirtschaftliche Notwendigkeit zur Abrüstung großen Stils.

Wir blieben also beunruhigt. Die Gefahr, mit einer öffentlichen Erklärung den Osten zu ermutigen, kannten wir genau. Die östlichen Beifallshymnen zu unserer Erklärung haben uns nicht überrascht. Durfte diese Rücksicht uns davon abhalten, die Wahrheit, so wie wir sie zu sehen glauben, wenigstens einmal öffentlich zu sagen? Es ist das Große der westlichen Freiheit, daß sie das Aussprechen der Wahrheit erlaubt. Und ich glaube, selbst wenn das gelegentlich taktische Nachteile mit sich bringt, ist gerade dies auch auf die lange Sicht die politische Stärke des Westens; denn er vermag sich infolge dieser Freiheit selbst zu korrigieren. Eines, was uns so viele freundliche Zuschriften in den letzten zwei Wochen nachgerühmt haben, haben wir gar nicht so sehr gebraucht: bürgerlichen Mut. Das ist das Verdienst der freiheitlichen Ordnung, in der wir leben und zu der wir stehen. Wenn wir Mut gebraucht haben, dann höchstens zu der Konsequenz, auf eine Waffe, die wir mehr als eine Gefahr denn als einen Schutz ansehen müssen, zu verzichten.

Auf die konkreten Anlässe, die uns schließlich dazu brachten, die Erklärung zu veröffentlichen, brauche ich nicht näher einzugehen. Hingegen möchte ich Ihnen vor dem Hintergrund alles bisher Gesagten den gedanklichen Aufbau unserer Erklärung so erläutern, wie wir es vor 12 Tagen im Gespräch mit dem Bundeskanzler auch getan haben. Abgesehen von der notwendigen Information über die Wirkung der Atomwaffen enthält die Erklärung politische Überlegungen, in denen drei Gedanken stecken, die nicht ausdrücklich ausgesprochen sind.

Erstens: Der Westen schützt seine eigene Freiheit und den Weltfrieden durch die atomare Rüstung auf die Dauer nicht; diese Rüstung zu vermeiden ist in seinem eigenen Interesse ebenso wie in dem des Ostens.

Zweitens: Die Mittel der Diplomatie und des politischen Kalküls reichen offenbar nicht aus, dieser Wahrheit Geltung zu verschaffen; deshalb müssen auch wir Wissenschaftler reden und sollen die Völker selbst ihren Willen bekunden.

Drittens: Wer glaubwürdig zur atomaren Abrüstung raten soll, muß überzeugend dartun, daß er selbst die Atombombe nicht will.

Nur dieser dritte Satz bedarf noch eines weiteren Kommentars. In der Schrecksekunde nach der Veröffentlichung unserer Erklärung wurde uns von prominenter Seite vorgeworfen, wir hätten uns an die falsche Adresse gewandt; wir hätten einen Appell an unsere Kollegen in der ganzen Welt richten sollen. Diesen Vorwurf halte ich für ein Mißverständnis. Daß die große Welt nicht auf Appelle hin abrüstet, haben wir erlebt. Wir hatten uns dorthin zu wenden, wo wir eine direkte bürgerliche Verantwortung haben, nämlich an unser eigenes Land; mögen die Bürger anderer

Länder dann in ihren Ländern dasselbe tun, wenn sie es für richtig und möglich halten. Folgt hieraus eine internationale Initiative zur Abrüstung, so werden wir sie freudig unterstützen. Deshalb mußten wir auch insbesondere öffentlich sagen, daß keiner von uns persönlich bereit wäre, Bomben zu machen, zu erproben oder anzuwenden. Damit war nicht impliziert, man habe uns um so etwas gebeten. Damit war vielmehr gesagt: Niemand wird uns darum je mit Erfolg bitten können. Wir sind als Privatpersonen bereit, die Folgen einer solchen Weigerung zu tragen. Was nun die Staaten betrifft, so glauben auch wir nicht, daß eine der Großmächte heute einseitig auf die Atomwaffen verzichten wird. Ein kleines Land aber kann das tun, und unsere Meinung ist, unsere eigene Heimat, Deutschland, solle das tun.

Die Besorgnis der Bundesregierung bezog sich auf die Gefährdung des westlichen Verteidigungsgürtels, also der NATO, durch einen einseitigen und vorzeitigen deutschen Verzicht auf Atomwaffen. Wir kommen damit zum Thema des Gesprächs, zu dem der Herr Bundeskanzler einige von uns dann alsbald eingeladen hat.

Das wichtigste an diesem Gespräch war für uns Wissenschaftler ohne Zweifel der tiefe Eindruck, den wir bekommen haben, von der Stärke der Sorge des Bundeskanzlers vor der Atomrüstung in der Welt, von der Aufrichtigkeit seines Strebens nach Abrüstung. Der Unterschied seiner Auffassung von der unsrigen war, daß er in dem harten politischen Handel um eine Abrüstung, die unsere Freiheit nicht zum Opfer bringt, in einem einseitigen deutschen Verzicht eine Vorausleistung sieht, die der Gegner nicht honorieren, sondern zum Anlaß erhöhten Drucks nehmen werde. Diese Überlegung ist konsequent im politischen Kalkül. Aber es ist nicht zu leugnen, daß unsere Erklärung hervorgegangen ist aus dem Glauben, daß mit dem politischen Kalkül allein die Welt vor der atomaren Selbstvernichtung nicht zu retten ist, und daß es Dinge gibt, die nicht zum Gegenstand politischen Kalküls gemacht werden dürfen. Wenn dieser Unterschied bestehen bleibt, so wäre doch meiner Überzeugung nach nichts falscher, als ihn heute zu einer Kluft zu erweitern. Im Gegenteil, der Bundeskanzler hat eine außenpolitische Initiative zur atomaren Abrüstung angekündigt, und wir können nichts dringender wünschen als einen Erfolg dieser Initiative. Was wir zu ihrem Erfolg beitragen können, tun wir mit Freuden.

Ich möchte hier, ein wenig ex tempore, eine Bemerkung zu der letzten russischen Atomnote an die Bundesregierung einschalten, von der heute die Morgenpresse voll war. Ich finde es bedauerlich, daß die Sowjetregierung uns diese Note geschickt hat. Wenn der Sowjetregierung wirklich an einer atomaren Abrüstung liegt — und ich glaube, daß ihr daran liegt —, so schadet sie diesem Vorhaben mit Noten wie dieser. Denn auch wenn in der Note steht, sie sei nicht als Drohung gemeint, so muß der Sowjetregierung klar sein, daß sie als Drohung verstanden wird. Es ist aber zweierlei, ob wir in der Bundesrepublik und überhaupt im Westen uns zur atomaren Abrüstung bereitfinden, weil wir sie wünschen, oder weil wir einer Drohung nachgeben. Wir dürfen den Russen glauben, daß sie die Atomwaffen entwickelt haben, weil sie sich bedroht fühlten; wir dürfen ihnen das schon deshalb glauben, weil gerade sie andere Mittel haben, ihre politischen Ziele zu erreichen als einen Weltkrieg. Sie müssen aber auch einsehen, daß es gerade die

Furcht vor ihnen ist, die im Westen die Atomrüstung immer weiter vorantreibt. Deshalb sind russische Drohnoten Wasser auf die Mühlen jener Toren im Westen, die aus Angst vor den Russen den atomaren Selbstmord vorbereiten. Ich glaube nicht, daß die Sowjetunion daran interessiert sein kann.

Inhaltlich ist zur Abrüstung einiges zu sagen. Sie muß kontrolliert sein. Atomare Abrüstung an sich wird den Russen willkommener sein als dem Westen; denn sie haben noch viele andere Waffen und Machtmittel. Die Kontrolle wird dem Westen willkommener sein als den Russen; denn der Westen meint den Blick der Kontrolle weniger scheuen zu müssen. Ob es dazu kommen wird, beides gegeneinander auszuhandeln, muß die Zukunft zeigen. Einige technische Hilfen dafür verdienen genannt zu werden.

Das erste ist: Man kann und sollte die *Versuche* mit Atomwaffen sofort aufgeben. Der Appell Albert Schweitzers klingt jedem von uns im Ohr. Gibt man aber die Versuche auf, so ist ein erster Schritt getan. Der Weiterentwicklung der Waffen wird ein Hemmschuh angelegt. Dann wird es leichter, auf sie zu verzichten.

Das zweite: *Wie* wird kontrolliert? Es ist Sache der Physiker und Techniker, eine möglichst schonende und doch effektive Art der Kontrolle auszuarbeiten.

Das dritte: *Wer* kontrolliert? Wäre hier nicht die Lebensaufgabe der Vereinigten Nationen?

Schließlich ist zu sagen, daß die atomare Abrüstung nicht allein im leeren Raum stehen kann. Eine Reduktion der konventionellen Waffen, die Stabilisierung einer Friedensordnung muß sie begleiten. Wir dürfen ja nicht gebannt wie das Kaninchen auf die Kobra nur auf diese eine Gefahr starren. Einleitend sagte ich, das Atom sei für unser Zeitalter symbolisch. Wir haben nicht die Aufgabe, es aus unserer Welt wieder zu verbannen; das wäre unmöglich. Wir haben an ihm zu lernen, was wir überhaupt ändern müssen, sonst überfällt uns dieselbe Gefahr binnen kurzem in verwandelter Gestalt. Nur die Atomwaffen abschaffen zu wollen, um im übrigen wieder Krieg führen zu können wie bisher, das wäre so, als wollte man morgens den Wecker zum Fenster hinauswerfen, damit man nicht aufwachen muß.

Soviel zur heutigen Lage. In abstrakten Begriffen ausgedrückt habe ich Ihnen nichts gegeben als ein etwas ausgeführtes Beispiel zum Problem »Mensch und Plan«. Der politisch-militärische Plan, um unsere Freiheit zu schützen, entfaltet in den großen Atomwaffen eine Eigenmächtigkeit, die den Menschen zu vernichten droht. Der Mensch muß die Distanz zu diesem Apparat gewinnen; d.h. hier, er muß auf seine Anwendung verzichten. Das scheint ganz leicht, ist aber sehr schwer. Es verlangt, den ganzen Plan — das ganze Konzept, wie ich sagte — zu ändern. Die äußerste Anstrengung des Menschlichen im Menschen ist nötig, um uns zu diesem Entschluß zu bringen. Noch ist ungewiß, ob es gelingen wird.

IV. Studentische Fragen

Ich habe Ihre Zeit schon zu lange in Anspruch genommen, aber ich habe Ihnen noch ein kurzes Wort über Ihre speziellen studentischen Probleme versprochen.

Ich glaube, auch diese Probleme stehen in der Spannung von »Plan und Mensch«, und Sie werden sich die Anwendung der allgemeinen Gedanken selbst überlegen können. So greife ich nur zwei Punkte heraus: Das Verhältnis der spezialistischen Ausbildung zur eigentlich menschlichen Bildung und die Frage der wirtschaftlichen Förderung der Studenten.

Der Spezialist ist der Mensch, der dazu vorbereitet ist, seinen Platz im Arbeitsplan der arbeitsteiligen menschlichen Gesellschaft auszufüllen. Spezialisierung ist heute völlig unvermeidlich. Aber der Plan wird sich selbst ad absurdum führen, wenn er nicht von menschlicher Einsicht gelenkt wird. Dazu muß der Spezialist dem, was ich soeben menschliche Einsicht nannte, zugänglich sein. Das heißt, er braucht die Distanz zu seiner eigenen Spezialität. Erst dann wird er gerade seine eigene Spezialität wirklich verstehen. Auf dem Grunde jeder wirklich gründlichen Spezialkenntnis begegnen wir ja stets denselben, den umfassendsten Fragen. Wer fähig geworden ist, sie in seiner Spezialität zu sehen, der wird sie auch in jeder anderen Spezialität wiedererkennen. Er wird fähig sein, den Nachbarn die Hand zu reichen, so daß sich eine lebendige Kette von Menschen bildet, die zusammen das Ganze umspannen, das kein einzelner umspannt.

Die Spezialisierung ist also nicht zu überwinden durch eine Häufung von vielerlei Spezialitäten, die dann allgemeine Bildung genannt würde. Der Lernstoff und der Prüfungsstoff muß nicht ständig erweitert, sondern durch Beschränkung vertieft werden. Aber der Nachbar muß sichtbar da sein, man muß mit ihm reden. Deshalb Verbindung von Forschung und Lehre, Verbindung der Fächer in der Universität, Förderung der ganzen Wissenschaft und nicht nur einzelner gerade aktueller Fächer. Das sind oft ausgesprochene Forderungen. Unterstützen Sie sie, und Sie tun ein gutes Werk.

Die finanzielle Förderung der Studenten ist heute eines Ihrer großen Anliegen. Ich glaube, Sie haben mit diesem Anliegen recht. In der heutigen Gesellschaftsordnung ist der Student nicht mehr eo ipso auf Grund der Stellung seines Vaters privilegiert. Das kommt zwar noch häufig vor, es ist aber nicht die Regel und wäre auch keine gute Regel. Daß er aber genötigt wird, sich durch Werkstudententum zu ernähren, mag in den ersten Semestern als menschliche Erfahrung sinnvoll sein, für das ganze Studium ist das ein Verschleiß von Arbeitskraft, den sich die Gesellschaft nicht leisten kann. Auch die Beschränkung auf Darlehn überzeugt mich nicht. Sie drängt, so scheint mir, den ärmeren Studenten in die lukrativen Fächer, unabhängig von seiner Begabung und Neigung.

Freilich müssen Sie sich darüber klar sein, daß eine allgemeine Studentenförderung alle Übel des Staatspensionärtums, alle Übel des Berechtigungswesens, kurz, alle Übel der Verplanung des Menschlichen im Keime enthält. Aber es gibt notwendige Übel, und dieses scheint mir zu ihnen zu gehören. Nicht, indem man die Förderung unterläßt, sondern indem man sich nicht mit ihr begnügt, kann man vielleicht diesen Übeln steuern.

Eins der Übel ist schon heute, daß es für den einzelnen Professor und Assistenten viel zu viele Studenten gibt. Der Professor und sogar der Assistent reiben sich auf. Und doch bekommen die meisten Studenten nicht den persönlichen Kontakt mit ihnen, auf den sie einen berechtigten Anspruch haben. Die Folgerung ist, daß die Lehrkörper sehr verbreitert, ich würde sagen, verdoppelt werden müssen. Wir werden mit der finanziellen Förderung des Studiums nur dann den unpersönlichen, oft unmenschlichen Betrieb der Hochschulen nicht weiter verschlimmern, wenn wir auch das Geld für die Verbreiterung des Lehrkörpers haben.

All dies ist unvermeidlich, weil die Hochschulen heute einen Stand von Menschen ausbilden, die in unserer sich rational durchorganisierenden Gesellschaft unentbehrlich sind. Der alte akademische Geist würde viel kleinere Studentenzahlen und Lehrkörper fordern; aber diese Forderung ist heute, gesellschaftlich gesehen, irreal. Wie aber sind die Wenigen auszubilden, die die Wissenschaft oder andere geistige Bereiche selbst weiterzutreiben haben? Das Problem der sogenannten höheren Studien stellt sich nun.

Aber ich breche hier ab. Die Fragen sind endlos, und meine Kompetenz für sie wird um so fragwürdiger, je weiter wir ins einzelne gehen.

Ich danke Ihnen für die Geduld, mit der Sie mir zugehört haben und wünsche Ihnen einen guten Verlauf Ihrer Jahrestagung.

Wir dürfen vielleicht hoffen, daß die biologischen Wirkungen und die wirtschaftlichen Erfolge der friedlichen Atomtechnik unseren Planungen nicht entgleiten werden. Die politischen Auswirkungen der Atombombe stehen im Zeichen der Lebensgefahr für alle, für die, die die Bomben haben, und für die, die sie nicht haben.

Ich möchte heute diese Wirkungen in drei Abschnitten besprechen. Zuerst ein Rückblick: Wir erinnern uns an einige Hauptstationen der Weltpolitik von Hiroshima bis heute. Dann fragen wir nach dem zentralen Problem der zukünftigen Auswirkung der Bomben: Wird es auf die lange Sicht Krieg geben können? Schließlich möchte ich über eine Entscheidung auf die kurze Sicht sprechen, vor der wir selbst heute stehen.

Die Bomben auf Hiroshima und Nagasaki haben den zweiten Weltkrieg beendet. Auch bei den Siegern wurde die Freude über das Ende des Kriegs rasch von der Sorge überschattet: Würden wir einen dritten Weltkrieg überleben, in dem diese Bomben fallen?

Einige amerikanische Physiker, die an der Bombe mitgearbeitet hatten, schlugen vor, den Russen die Konstruktionsgeheimnisse der Bombe freiwillig mitzuteilen. So sollte Amerika durch die Tat beweisen, daß es nur den Frieden wolle. Der Gedanke war wohl weltfremd, aber er war nicht so weltfremd, wie er den Menschen scheinen mochte, die die Konsequenzen der neuen Erfindung nicht so rasch übersahen wie die Erfinder selbst. Wir wissen heute, wie selbständig die Russen die Atomtechnik entwickelt haben, wir wissen, wie rasch sie die Bombe besaßen. Der Geheimnisverrat, über den ja viel gesprochen worden ist, wird ihnen doch kaum mehr als ein bis zwei Jahre Arbeit erspart haben. War der amerikanische Vorsprung von ein paar Jahren das Mißtrauen wert, das er erzeugte?

Trotzdem war der Vorschlag weltfremd. Er setzte voraus, daß alle Partner zu einer Haltung der Verständigung bereit seien, zu einer Haltung, zu der sie ihren historischen Voraussetzungen nach nicht bereit sein konnten. In Amerika erkannte man rasch wieder, daß die Sowjetunion harte Machtpolitik trieb, wie Weltmächte das eben meistens getan haben. Man sah auch wieder, daß die Ideologie und die Praxis des Sowjetsystems in den von ihm nicht beherrschten Gebieten den Umsturz, in den von ihm beherrschten Gebieten den Terror als selbstverständliches Mittel der Politik betrachteten. Amerika hatte dieser Politik eine Weile naiv nachgegeben. Als es ihr nun ebenso unbefangen scharf entgegentrat, bestätigte es damit die Erwartung der sowjetischen Führer, daß zwischen ihrem Reich und den kapitalistischen Mächten kein wahrer Friede möglich sei.

Die Vereinigten Staaten schlugen nun vor, man solle die Verfügung über alle Atomenergievorhaben der Welt einer internationalen Behörde übertragen, einer Behörde mit einem freilich sehr begrenzten Inspektionsrecht. Der Plan war für die Russen unannehmbar, denn sie sahen im Eisernen Vorhang die Garantie ihrer Sicherheit. Ebenso unannehmbar war für die Vereinigten Staaten der russische Gegenvorschlag der Vernichtung aller Atomwaffen, denn sie sahen in den Atombomben die Garantie ihrer Sicherheit. Die Russen gewannen Zeit, und im August 1949 brachten sie ihre erste Atombombe zur Explosion.

In diesem Zeitraum traten zwei Tatsachen ans Licht, die ihre Ursache nicht in den Bomben hatten, sondern die ihre Ursache hatten in tiefwurzelnden Erfahrungen und Entscheidungen der Völker. Vereinfachend kann man vielleicht sagen: Europa ging dem Kommunismus verloren, Asien ging der westlichen Welt verloren. Beide Entscheidungen entspringen dem Wunsch, frei zu sein; denn für den heutigen Europäer bedeutet das Sowjetsystem eben nicht die Freiheit, für den Asiaten bedeutet das Kolonialsystem des weißen Mannes eben nicht die Freiheit. Beide Entscheidungen haben sich dort durchgesetzt, wo die Machtverhältnisse es zuließen — denken Sie an Westeuropa oder an Indien; beide Entscheidungen sind dort Quellen ständiger tiefer Unruhe, wo die Machtverhältnisse sie gehindert haben, sich durchzusetzen. Ich möchte bemerken, daß in Asien der Erfolg Rußlands wohl geringer ist als es der Rückgang der westlichen Position ist. Asien erkämpft sich Bewegungsfreiheit und es wird sich industrialisieren; der eine Gegensatz zwischen Amerika und Rußland wird wohl nicht unbegrenzt die Weltpolitik bestimmen.

Die russische Atombombe führte 1950 in Amerika zum Sieg der Richtung, die die Wasserstoffbombe herstellen wollte. Rußland vollendete die Wasserstoffbombe fast zur gleichen Zeit wie die Amerikaner. Der grenzenlose Rüstungswettlauf schien nun unvermeidlich. Ich möchte aber doch hier eine Gegenstimme zitieren, nämlich den amerikanischen Botschafter Kennan, der ja Amerikas — wenn man so sagen darf — »Generalstabschef« im Kalten Krieg gewesen ist. Er sagte in den Oppenheimer-

Verhören aus: Der russische Begriff von Macht sei nicht: »Wer kann wem Bomben auf den Kopf werfen?«, sondern: »Wer kann wen morgens um drei aus dem Bett holen und verschwinden lassen?« Rußland erwarte den Sieg im Weltkonflikt durch territoriale Revolution, und deshalb sei es vielleicht schon eine Niederlage Amerikas, wenn es seine wirtschaftliche Kraft und seinen politischen Kredit in unproduktive Ausgaben für Bomben binde, für Bomben, die zu werfen kaum mehr möglich sei. Aber offenbar schien diese Konzeption den entscheidenden Männern zu kompliziert und darum zu unsicher. Wenn wir zurückblicken, sehen wir das ja: Immer wieder hat sich in der Geschichte der Atombomben der scheinbar einfachere, direkte Weg durchgesetzt. Das war so, als man entschied, die Bomben im Krieg zu entwickeln, als man entschied, sie auf Japan abzuwerfen, als man entschied, die Wasserstoffbombe zu bauen.

Nun begann die Zeit der begrenzten und schließlich eingefrorenen lokalen Konflikte: Korea, Indochina. Ungelöste Spannungen an bestimmten Orten der Erde führten zum Ausbruch von Kriegen, Kriegen, die dann die Form eines Schachspiels der Großmächte auf einem scharf begrenzten Brett annahmen. Im Ergebnis wurden die Einflußsphären genauer abgegrenzt und die Konflikte blieben ungelöst. In dem Maße, in dem die Wasserstoff-Rüstung Tatsache wurde, zeigte sich, daß die Großmächte den großen Krieg nicht nur nicht suchten, sondern daß sie ihn fürchteten.

Heute ist die Wasserstoffbombe wahrscheinlich der stärkste Garant des Weltfriedens. Gerade wegen dessen, was ich nachher sagen muß, möchte ich hier aussprechen, daß man meinem Empfinden nach in diesem Frieden wohl so etwas sehen kann wie die Belohnung einer Selbstüberwindung. Ich meine die Selbstüberwindung der Menschen, gerade auch der Physiker, die genau so empfinden wie wir alle, und die doch von sich verlangten, eine so entsetzliche Waffe zu bauen, weil sie nicht anders die Freiheit zu schützen wußten. Aber ich fürchte auch, daß diese Selbstüberwindung und dieser Friede beide nicht ausreichen. Was sie uns gewähren, scheint mir nur eine Gnadenfrist.

Der Friede der Wasserstoffbombe ist vorerst bestenfalls die Unfähigkeit, Krieg zu führen. Er friert darum die Konflikte ein, statt sie aufzutauen. Wir haben alle den November des letzten Jahres noch in der nächsten Erinnerung. Freilich wußten die Großmächte im Pokerspiel der gegenseitigen Drohungen wohl, daß es zum letzten Einsatz dann doch nicht kommen dürfe. Aber eben weil sie das wußten, konnte man den unglücklichen Ungarn nicht helfen und eben darum blieb der Nahe Osten ein Brandherd.

Soweit der Rückblick. Was wird uns nun die Zukunft bringen? Ich glaube, man kann sagen, wenn die Waffentechnik weiter so fortschreitet wie jetzt, und es sieht ja aus, als werde sie das tun, dann werden das voll entwickelte Atomzeitalter und der voll entwickelte, der totale Krieg nicht miteinander verträglich sein; sie werden miteinander unvereinbar sein.

Das ist eine völlig neue Lage in der Geschichte der Menschheit. Das Entsetzen vor dem Krieg, die Sehnsucht nach dauerndem Frieden sind gewiß so alt wie die Menschheit. Ebenso alt ist auch die Erfahrung, daß trotzdem der Krieg als letztes Mittel der Politik, als ultima ratio regum nicht aufhört.

Nun sind freilich in der Geschichte der Menschheit ab und zu Dinge geschehen, die ganz neu waren. So sind einmal schon in grauer Vorzeit Staaten entstanden. Es ist möglich gewesen, das Fehderecht durch die Polizei zu ersetzen. Oder, wir haben in den letzten 100 Jahren Naturkräfte in unsere Gewalt bekommen, von deren Existenz man zuvor nicht einmal gewußt hatte. Ich habe Ihnen ja in der letzten Sendung geschildert, wie diese moderne Technik uns aus wirtschaftlichen Gründen immer weiter nötigt, unser Leben einer rationalen Planung zu unterwerfen.

Nun ist eben in der Waffentechnik auch etwas ganz Neues eingetreten. Wir kommen in den Besitz von Waffen, die wir nicht mehr voll einzusetzen wagen können, nicht aus Humanität, sondern aus Selbsterhaltungstrieb. So stellt sich uns die Frage: Wird nun die Menschheit die Kraft haben, auf den großen Krieg zu verzichten, und wie müßte sich ihr Leben ändern, wenn und damit dies möglich wäre? Man hört auf diese Frage heute mancherlei Antworten. Ich würde diese Antworten gern um drei Grundgedanken herum ordnen. Man sagt entweder:

1. Ein dritter Weltkrieg wird kommen, und er wird dann entweder unserer Kultur und damit dem Atomzeitalter ein Ende machen, oder aber er wird eine Weltherrschaft herbeiführen, die dann den Frieden garantiert.

Oder man sagt:

2. Zu einem totalen Krieg wird es nicht mehr kommen, aber Kriege mit begrenzten Mitteln und Zielen wird es immer geben.

Oder schließlich, man sagt:

3. Jeglicher Krieg wird durch stillschweigende oder ausdrückliche Übereinkunft abgeschafft werden.

Zur ersten Vermutung würde ich gerne sagen: Ein neuer Weltkrieg unter Einsatz der größten Waffen scheint mir auf die kurze Sicht unwahrscheinlich, aber auf die Dauer scheint er mir sehr wohl möglich, jedenfalls, wenn die politische Struktur der Welt etwa so bleibt wie sie heute ist. Die Weltgeschichte hat ja Zeit zu warten. Kommt dieser Krieg nicht in 10 Jahren, so kann er in 30, in 100 Jahren kommen, und wann immer er kommt, wird er wohl um so schlimmer sein. Die Meinung, er werde nie ausbrechen, scheint mir nicht begründeter als die Behauptung, man könne im Roulette-Spiel auf die Dauer gewinnen. Sie wissen ja, wenn man im Roulette einmal verloren hat, so kann man den Einsatz verdoppeln, und wenn man dann gewinnt, hat man doch den Einsatz wiedergewonnen. Dieses Verfahren läßt sich auch fortsetzen, aber doch nur, bis man einmal sein ganzes Vermögen eingesetzt und verloren hat.

Ein neuer totaler Weltkrieg würde vermutlich heute die Menschheit nicht ausrotten. Aber was er heute schon bedeuten würde, habe ich Ihnen in der 8. Sendung, in der über Bomben, angedeutet. Ich bin überzeugt, man kann schon heute nicht im Ernst vorhaben, ihn zu führen, selbst wenn man die Drohung mit ihm als politisches Mittel benützt, ja, wenn man sich vorstellt, es sei theoretisch möglich, ihn zu gewinnen und danach ein Friedensreich zu errichten. Ich glaube, daß die führenden Staatsmänner der heutigen Welt das wissen, auch wenn es ihr politisches Dilemma ist, daß sie es nicht zugeben können. Jedenfalls bin ich überzeugt davon, daß jeder von uns sich weigern muß, diese Gefahr insgeheim doch zu nähren, indem er mit dem Gedanken eines solchen Krieges spielt. Mit diesen Gedanken spielt aber meiner Überzeugung nach schon der, der in sein politisches Verhalten, in sein politisches Kalkül diesen Krieg als eine Eventualität einbaut; denn wenn hinreichend viele Leute sich so verhalten, als käme ein solcher Krieg, so wird es leicht, daß er kommt. Dieses aber, Einbauen in unser politisches Verhalten als Eventualität, tun wir das im Grunde unserer besorgten Herzen nicht alle mit diesem Krieg? Deshalb scheint es mir so wichtig, daß wir die anderen praktischen Möglichkeiten ernstlich ansehen und anpacken.

Nun also zur zweiten Vermutung. Sie schlägt vor, den totalen Krieg zu vermeiden, indem man ein Ventil öffnet. Kriege mit begrenzten Zielen und mit begrenzten Waffen etwa nur mit sogenannten konventionellen Waffen oder nur mit sogenannten taktischen Atomwaffen, sollen zugelassen sein. Darin steckt ein sehr realistischer Gedanke. Die Konfliktsstoffe dauern ja doch fort. Zu allen Zeiten sind Völker bereit gewesen, für Freiheit und für Rechtsordnung, so wie sie sie verstanden, mit der Waffe zu fechten. Kann man nicht hoffen, daß es zwar solche Kämpfe geben wird, daß aber die Vorsicht und das Weltgewissen und möglichst auch eine Konvention den Gebrauch der größten Waffen ausschalten werden? Sollte nicht dem Verbot des Giftgases das Verbot der Atomwaffen folgen?

Nun, ich halte es in der Tat für wahrscheinlich, daß wir auch in der vorhersehbaren Zukunft lokalisierte Kämpfe mit begrenztem Waffeneinsatz erleben werden. Aber die Hoffnung, daß durch diese Kanalisierung der große, tödliche Konflikt sicherer vermieden werden könne, dies scheint mir eine Illusion. Wer garantiert uns denn, daß in einer wechselnden Welt mit wechselnder Waffentechnik sich die Kämpfenden in bestimmten Grenzen halten werden? Das Giftgas ist im zweiten Weltkrieg, soviel ich sehe, doch unter anderem deshalb nicht eingesetzt worden, weil Deutschland den Krieg auch mit Gas nicht gewinnen konnte und weil die Alliierten ihn auch ohne Gas gewonnen haben. Ein Verbot der Atomwaffen, nur um ohne sie gefahrloser Krieg führen zu können, ein solches Verbot schiene mir so, als würde man morgens den klingelnden Wecker zum Fenster hinauswerfen, um weiterschlafen zu können; während in Wahrheit alles darauf ankäme, aufzuwachen.

Spreche ich nun damit für die dritte Vermutung, für die Vermutung, man könne den Krieg, wie man so sagt, abschaffen? Ich weiß nicht. Die ungeheure Schwierigkeit für diese Hoffnung liegt darin, daß der rationale Pazifismus doch sicher unrecht hat. Unter rationalem Pazifismus möchte ich dabei die Meinung verstehen, die Menschen müßten die Schrecken des Kriegs nur vernünftig einsehen, dann würden sie schon mit Krieg und Kriegsrüstung aufhören. Das ist eine Meinung, aus der folgt, daß die Fortdauer der Kriegsgefahr nur der Verblendung der Politiker zuzuschreiben wäre. Warum gibt es denn dann immer verblendete Politiker? In Wahrheit sind die Kriege doch sichtbare Verdichtungen jener Konfliktsstoffe, die in den irrationalen Tiefen des menschlichen Wesens ständig schwelen. Kriege brechen aus, weil die Menschen sie im Grunde wollen, auch wenn sie sich einbilden, sie wollten sie nicht. Sie scheuen sich oft nur, Haß oder Machtgier zur offenen Flamme emporschlagen zu lassen; sie sind zu Übeln bereit, die schließlich das Übel des Kriegs als das kleinere Übel erscheinen lassen.

Was ich bisher habe sagen wollen, ist: Keine der drei Vermutungen bietet uns eine gerade Straße, auf der wir sicher in die Zukunft wandern können. So eine Straße gibt es nicht. Die Ideologien, die behaupten, sie wüßten die Zukunft, zerstören in Wahrheit Gegenwart und Zukunft. Der Mensch ist ein Wesen, das sich entscheiden kann, und darum läßt er sich in Dingen, die seine Existenz angehen, durch keinen Plan einfangen. Trotzdem halte ich es für möglich, ich muß es für möglich halten, daß die Menschheit lernen wird, den Krieg zu vermeiden. Nur werden die Friedenswilligen dazu wohl Anstrengungen machen müssen und werden Opfer bringen müssen, die nicht geringer sein werden als die, die man früher für den Krieg gebracht hat. Man darf wohl sagen: Der Friede ist nicht billiger als der Krieg.

Was heißt das nun konkret? Nun, zunächst findet sich der einzelne Friedenswillige, sei es ein Mensch, eine Nation oder selbst eine Weltmacht, einfach überfordert. Der einfachste Weg zum Frieden wäre ja die Unterwerfung unter einen gemeinsamen Tyrannen. Unser Problem ist das, was mit dem Wort ausgedrückt ist: Friede in Freiheit. Deshalb wäre es etwas vom wichtigsten, daß man diese Überforderung vermindert, daß man den Friedenswilligen dazu hilft, sich wirklich friedlich verhalten zu können. Dazu muß man Tatsachen schaffen, welche die Opfer erleichtern, die zur Verständigung nötig sind, Tatsachen, die diese Opfer in gewissem Umfang schon vorwegnehmen, und die dem Austrag von Konflikten ohne Krieg eine feste Form geben. In diesem Zusammenhang nun schiene es mir doch sehr wertvoll, wenn ein Verbot der Atomwaffen beschlossen werden und durch Vernichtung dieser Waffen verwirklicht werden könnte, dann nämlich, wenn die Mächte sich darauf einigen könnten, als auf einen Teil einer vereinbarten konstruktiven Friedensordnung. Man könnte die heute in den Waffen gelagerten Atomsprengstoffe sogar aufs Nützlichste in friedlichen Kraftwerken verwenden. Persönlich neige ich sogar zu der Vermutung, die westliche Welt würde politisch mehr gewinnen als verlieren, wenn sie bereit wäre, mit einer solchen Abrüstung einseitig den Anfang zu machen. Freilich weiß ich, daß dieser letzte Gedanke heute den Glauben der Welt an eine andere Sicherung als durch Waffen einfach noch überfordern würde.

Hingegen kann eine faktische Friedensordnung auch erleichtert werden durch die Organisation der Vereinten Nationen. Im Suezkonflikt z.B. war sie wirklich von Nutzen. Es ist schon etwas wert, wenn ein Klubhaus da ist, in dem die Mächte sich treffen und dessen Hausherrn sie gelegentlich die Schlichtung ihrer Streitigkeiten anvertrauen können. Gewiß wissen wir, daß die wahren Interessen der Großmächte stärker sind als diese Organisation. Aber ich finde, wir sollten uns vor dem Zynismus des enttäuschten Idealisten hüten, einem Zynismus, der eine Friedensordnung verachtet, wenn sie nicht das volle Problem löst. Dieser Zynismus verkennt ja die Realitäten der menschlichen Natur, er verkennt sie ebensosehr wie der Idealismus, dessen bloße Umkehrung er ist. Genau an dieser Verkennung ist ja Hitler gescheitert. Es wäre also zu fragen, ob man den Vereinten Nationen nicht größere Aufgaben übertragen könnte, ob man ihnen nicht vielleicht sogar eines Tages das Alleinrecht auf Atomwaffen übertragen könnte.

Nun ist vielleicht auch dies wieder ein weltfremder Vorschlag. Wenn er es ist, dann ist eine letzte Bemerkung um so unvermeidlicher, nämlich, daß Freiheit auch schon anders als mit der Waffe verteidigt oder erkämpft worden ist. Für mein Empfinden die größte Gestalt in der bisherigen politischen Geschichte unseres Jahrhunderts ist Gandhi. Bitte, sehen Sie sich sein Leben an, das ist der Mühe wert. Gewiß hat Gandhi nicht eine unfehlbare Methode des politischen Kampfs gelehrt und nicht einmal ein allgemein gültiges Gesetz der politischen Moral. Die Gewaltlosigkeit war eine freiwillige Verpflichtung, die er mit seinen Gefolgsleuten beim Beginn seines Kampfes auf sich nahm; in tiefer religiöser Überzeugung tat er das und zugleich in kluger Beurteilung des Möglichen. Sein Erfolg ist dann auch die Folge einer glücklichen Konstellation gewesen, aber so ist es mit Erfolg ja immer. Seine allgemeine Bedeutung, soweit sie in der Politik liegt, möchte ich in folgendem sehen.

Politik spielt sich auf einem Feld ab, in dem man auf die äußersten Möglichkeiten, wie eben auf den Krieg, nur selten zurückgreift. Es genügt, zu wissen, daß sie bestehen, daß man also auf sie zurückgreifen könnte. Die Erleichterungen des Friedens, von denen ich vorher gesprochen habe, wie etwa Abrüstungsvereinbarungen oder die Vereinten Nationen, sind nun faktisch keine solchen äußersten Möglichkeiten. Verhandlungen können glücken, aber sie können ja auch scheitern. Verträge können gehalten werden, aber sie können auch gebrochen werden. Und gerade deshalb hat die Menschheit bisher auf den letzten Ausweg des Kriegs nicht verzichten können. Gandhis Kampfweise nun ist eine solche äußerste Möglichkeit, ein solcher letzter Ausweg. Sie ist das, weil hinter ihr mehr steht als hinter dem gewöhnlichen politischen Spiel. Hinter ihr steht soviel wie auch hinter dem Krieg, nämlich der volle Einsatz der Person auf Gedeih und Verderb.

Zu den Betrachtungen auf die lange Sicht möchte ich jetzt nichts mehr hinzufügen. Aber ich glaube, ich schulde Ihnen ein Wort zu einer akuten Entscheidung, die uns heute betrifft.

Die Bundesrepublik steht heute vor der Frage, ob sie sich an der atomaren Aufrüstung Westeuropas beteiligen soll. Da ich nun begonnen habe, über diese Fragen zu reden, bin ich Ihnen wohl schuldig, zu sagen, wie ich mich persönlich zur Herstellung von Atomwaffen stelle. Das ist ja der Punkt, an dem der Physiker Farbe bekennen muß. Ferner möchte ich behutsam auch sagen, wie mir die Frage für Deutschland zu liegen scheint.

Die Bundesrepublik ist auch heute vertraglich verpflichtet, keine Atomwaffen herzustellen. So ist auch meines Wissens bis heute kein westdeutscher Physiker aufgefordert worden, Atomwaffen zu machen. Trotzdem müssen wir uns natürlich die Frage vorlegen, wie wir uns im Falle einer solchen Aufforderung verhalten würden. Ich gestehe, daß ich selbst diese Frage sehr lange vor mir hergeschoben habe. Daß sie nicht leicht ist, geht ja wohl aus allem hervor, was ich gesagt habe. Hier gilt das, was ich vorhin sagte: Der einzelne ist durch solche Entscheidungen im Grunde überfordert. Aber er muß sie treffen. Nun, wie dem sei, ich weiß heute, daß ich zur Beteiligung an der Herstellung von Bomben nicht bereit bin. Diese selbe Entscheidung haben gewiß viele andere Physiker getroffen, die nicht öffentlich darüber reden. Ich versuche nicht, diese Entscheidung weiter zu begründen. Nur darf ich vielleicht an eine allgemein menschliche Erfahrung erinnern: Der zweite Schritt, den wir gehen können, zeigt sich oft erst, wenn wir den ersten Schritt ins Dunkle hinein gewagt haben. So steht es wohl mit solchen Entscheidungen.

Wie soll sich nun aber unser heutiger Staat, die Bundesrepublik Deutschland, verhalten? Die Entscheidung darüber fällt auf dem verfassungsmäßigen Weg, durch den gewählten Bundestag und durch die Regierung, die seiner Mehrheit entspricht. Das ist gut, denn diese Entscheidung, wie sie auch fällt, wird nur durchzuhalten sein, wenn der Wille des Volkes in ihr zum Ausdruck kommt, wenigstens in dem Maße, in dem das parlamentarische System das erlaubt.

Nun möchte ich hier eine Unterscheidung treffen, die mir wichtig scheint. Handelt es sich um eine Atomrüstung auf der Basis nationaler Souveränität, oder handelt es sich um eine Atomrüstung unter der ausschließlichen Verfügung eines obersten politischen Gremiums, sagen wir der Westeuropäischen Union? Ich will zwar gleich sagen, daß ich persönlich der Meinung bin, keine von beiden Atomrüstungen sollte gemacht werden, aber es ist ein großer Unterschied zwischen beiden. Eine national-souveräne Atomrüstung ist uns zwar vertraglich nicht erlaubt, aber es könnte ja das Ziel sein, von diesem Vertragsartikel losgebunden zu werden. Sie können aber aus den öffentlichen Erklärungen des Bundesverteidigungsministers entnehmen, daß die Bundesregierung eine atomare Bewaffnung im engeren Rahmen national-deutscher Souveränität nicht will. Und damit hat sie ohne Zweifel recht. Denn wenn kleine Nationen, wie Deutschland, anfangen wollten, sich atomar zu bewaffnen, so wäre das ein verbrecherischer und selbstmörderischer Unsinn. Entschuldigen Sie den harten Ausdruck, aber es ist genau, was ich meine. Auf wen sollten deutsche Atombomben denn im Ernst fallen, wenn nicht auf deutsches Land und auf deutsche Städte? Wen sollen sie denn abschrecken? Vielleicht — vielleicht würden uns die größeren Bomben der Großmächte eben noch verschonen, aber wenn wir selbst Bomben besitzen, so würden wir ja geradezu dazu herausfordern, im Ernstfall sie auf uns zu werfen. Wenn aber die einzelnen Nationalstaaten Europas unter Berufung auf ihre Souveränität anfangen wollten, einander gegenseitig mit Atomwaffen zu bedrohen oder abzuschrecken — also wir die Polen, oder die Franzosen uns oder so etwas —, so wäre das ein solcher Gefahrenherd für den Weltfrieden, daß man den Großmächten nur raten könnte, diesem Mißbrauch, ehe er eingerissen wäre, mit Gewalt ein Ende zu machen.

Dagegen die atomare Bewaffnung der NATO ist eine durchdachte Maßnahme. Bei der heutigen Weltlage ist sie gewiß nicht der einzig mögliche Entschluß, aber doch ein naheliegender Entschluß. Und dieser Entschluß ist, soviel ich sehe, gefaßt, einerlei, ob wir ihn mitmachen. Ob wir uns beteiligen sollen, das ist eine schwere Entscheidung für einen deutschen Staatsmann. Es ist ja öfter gesagt worden, daß, wenn eine reale Chance für eine deutsche Wiedervereinigung in Freiheit heute besteht, was ich nicht weiß, daß dann durch die gesamte Beteiligung an der NATO diese Möglichkeit wohl zunächst abgeschnitten würde. Andererseits würde aber diese Beteiligung an der atomaren Aufrüstung der NATO auf die kurze Sicht der nächsten Jahre wahrscheinlich unsere Sicherheit und unsere Verhandlungsposition befestigen. Ein solcher Schritt würde wohl die äußere Macht des Westens steigern, und der vertritt nun einmal in Europa die Freiheit. Es ist die Pflicht des Politikers, solche Erwägungen auf kurze Sicht ernst zu nehmen.

Trotzdem wird Ihnen aus allem, was ich gesagt habe, klar sein, daß ich mich persönlich nicht zu diesem Weg bekennen kann. Die Sicherheit, die wir auf diesem Weg erhoffen, scheint mir eben doch nur jene Roulette-Sicherheit zu sein, hinter der die Katastrophe lauert. Kann man sich auf Bomben verlassen, die zu werfen man im Grunde nicht wagen darf? Auf die lange Sicht müssen wir die Bomben fürchten, schon auf die kurze Sicht müssen wir die Mentalität fürchten, die sich auf die Bomben verläßt.

Es ist ganz klar, auch eine Nation wie die unsere ist mit solchen Entscheidungen eigentlich überfordert, und doch muß sie sie treffen. Wichtig scheint mir nur, daß wir uns frei halten von dem Entweder—Oder-Denken, das meint, es gäbe nur entweder die Kapitulation vor der Tyrannis oder die große atomare Rüstung. Ich glaube doch, daß alle Menschen auf der Welt heute dumpf oder deutlich fühlen, daß die großen Waffen begonnen haben, sich selbst zu widerlegen. Und dieses Gefühl wird auf die große Politik zurückwirken. Wenn nun eine Nation bewußt auf die Anwendung der großen Waffen verzichtet, so erleichtert sie damit anderen denselben Verzicht. Sie erleichtert dann also, daß eine Ordnung entsteht, die auf ganz anderen Grundlagen ruht. Aber dieser Verzicht enthält zunächst ein Risiko. Und ob wir zu diesem Risiko bereit sind, das ist heute unsere Entscheidung.

ERKLÄRUNG DER 18 ATOMWISSENSCHAFTLER VOM 12. APRIL 1957

Die Pläne einer atomaren Bewaffnung der Bundeswehr erfüllen die unterzeichneten Atomforscher mit tiefer Sorge. Einige von ihnen haben den zuständigen Bundesministern ihre Bedenken schon vor mehreren Monaten mitgeteilt. Heute ist die Debatte über diese Frage allgemein geworden. Die Unterzeichneten fühlen sich daher verpflichtet, öffentlich auf einige Tatsachen hinzuweisen, die alle Fachleute wissen, die aber der Öffentlichkeit noch nicht hinreichend bekannt zu sein scheinen.

1. *Taktische Atomwaffen haben die zerstörende Wirkung normaler Atombomben.* Als »taktisch« bezeichnet man sie, um auszudrücken, daß sie nicht nur gegen menschliche Siedlungen, sondern auch gegen Truppen im Erdkampf eingesetzt werden sollen. Jede einzelne taktische Atombombe oder -granate hat eine ähnliche Wirkung wie die erste Atombombe, die Hiroshima zerstört hat. Da die taktischen Atomwaffen heute in großer Zahl vorhanden sind, würde ihre zerstörende Wirkung im ganzen sehr viel größer sein. Als »klein« bezeichnet man diese Bomben nur im Vergleich zur Wirkung der inzwischen entwickelten »strategischen« Bomben, vor allem der Wasserstoffbomben.
2. *Für die Entwicklungsmöglichkeit der lebenausrottenden Wirkung der strategischen Atomwaffen ist keine*

natürliche Grenze bekannt. Heute kann eine taktische Atombombe eine kleinere Stadt zerstören, eine Wasserstoffbombe aber einen Landstrich von der Größe des Ruhrgebiets zeitweilig unbewohnbar machen. Durch Verbreitung von Radioaktivität könnte man mit Wasserstoffbomben die Bevölkerung der Bundesrepublik wahrscheinlich heute schon ausrotten. Wir kennen keine technische Möglichkeit, große Bevölkerungsmengen vor dieser Gefahr sicher zu schützen.

Wir wissen, wie schwer es ist, aus diesen Tatsachen die politischen Konsequenzen zu ziehen. Uns als Nichtpolitikern wird man die Berechtigung dazu abstreiten wollen; unsere Tätigkeit, die der reinen Wissenschaft und ihrer Anwendung gilt und bei der wir viele junge Menschen unserem Gebiet zuführen, belädt uns aber mit einer Verantwortung für die möglichen Folgen dieser Tätigkeit. Deshalb können wir nicht zu allen politischen Fragen schweigen. Wir bekennen uns zur Freiheit, wie sie heute die westliche Welt gegen den Kommunismus vertritt. Wir leugnen nicht, daß die gegenseitige Angst vor den Wasserstoffbomben heute einen wesentlichen Beitrag zur Erhaltung des Friedens in der ganzen Welt und der Freiheit in einem Teil der Welt leistet. Wir halten aber diese Art, den Frieden und die Freiheit zu sichern, auf die Dauer für unzuverlässig, und wir halten die Gefahr im Falle des Versagens für tödlich.

Wir fühlen keine Kompetenz, konkrete Vorschläge für die Politik der Großmächte zu machen. Für ein kleines Land wie die Bundesrepublik glauben wir, daß es sich heute noch am besten schützt und den Weltfrieden noch am ehesten fördert, wenn es ausdrücklich und freiwillig auf den Besitz von Atomwaffen jeder Art verzichtet. Jedenfalls wäre keiner der Unterzeichneten bereit, sich an der Herstellung, der Erprobung oder dem Einsatz von Atomwaffen in irgendeiner Weise zu beteiligen.

Gleichzeitig betonen wir, daß es äußerst wichtig ist, die friedliche Verwendung der Atomenergie mit allen Mitteln zu fördern, und wir wollen an dieser Aufgabe wie bisher mitwirken.

Fritz Bopp
Max Born
Rudolf Fleischmann
Walther Gerlach
Otto Hahn
Otto Haxel
Werner Heisenberg
Hans Kopfermann
Max v. Laue
Heinz Maier-Leibnitz
Josef Mattauch
Friedrich-Adolf Paneth
Wolfgang Paul
Wolfgang Riezler
Fritz Strassmann
Wilhelm Walcher
Carl Friedrich Frhr. v. Weizsäcker
Karl Wirtz

INHALT